Conni verkleid

Eine Geschichte von Liane Schneider
mit Bildern von Annette Steinhauer

Meerjungfrau, Wasserhexe, Kugelfisch? Als was sollen sich Conni und Julia nur verkleiden? Seit dem Frühstück im Kindergarten reden sie über nichts anderes. Da haben nämlich Katja und Lars Einladungen für ihren Geburtstag verteilt.

Alle sollen verkleidet kommen.
Auf der Einladung steht das Motto:

„Ihr dürft euch als alles verkleiden, was es auf, am und im Meer gibt", erklärt Katja. Conni und Julia malen erst mal ein großes Bild mit allem, was ihnen zum Meer einfällt.

Zu Hause guckt Conni gleich in ihrem Schrank nach. Der alte Marienkäferumhang passt höchstens noch Jakob, Connis kleinem Bruder. Und das Schneeflöckchenkostüm von der Tanzaufführung eignet sich nicht für die Meereswelt. Das Prinzessinnenkleid vom Fasching auch nicht. In der Verkleidungskiste findet Conni ein altes blaues Kleid von Mama. Blau wie das Meer.

Sie zieht es an. Es reicht bis zu ihren Füßen, wie ein langes Abendkleid. Conni fühlt sich sehr schön. Besonders wenn sie dazu Mamas hohe Schuhe trägt. Doch für die Meereswelt passt das leider nicht.

Conni sucht weiter. Sie holt Mamas Karton mit den Stoffresten. Da muss es doch etwas geben! Das dünne schwarze Tuch könnte gut eine Piratenaugenklappe sein. Dazu bindet sich Conni noch ein rotes Tuch um den Kopf. Schon fühlt sie sich wie ein echter Pirat. Sie entert ihr Bett und setzt das Bettdeckensegel. Mutig kämpft sie gegen unsichtbare Feinde. Aber dann fällt ihr ein, dass sich bestimmt auch die Jungs als Piraten verkleiden.

„Geh doch als große Muschel“, scherzt Papa am Abend. Lachend packt er Conni zwischen zwei Sofakissen und lässt die wie Muschelschalen auf und zu klappen. Conni befreit sich kichernd und zappelnd.

„Oder du verkleidest dich als Tintenfisch“, meint Mama. Dabei legt sie gerade fertig gestrickte Pulloverärmel über Connis Schultern. Conni wedelt damit herum. Trotz der vielen Arme sieht sie nicht wirklich wie ein Tintenfisch aus. Aber mit zweien davon kann Conni Mama fest umarmen. Solange, bis sie verspricht, in der Stadt mit ihr nach einem richtigen Kostüm zu suchen.

„Kostüme und alles zum Verkleiden finden Sie zwischen der Kinderkleidung und dem Spielzeug", erklärt ihnen ein paar Tage später eine Verkäuferin im Kaufhaus. Mit der Rolltreppe fahren Conni und Mama in den vierten Stock.

Was es hier alles gibt! Conni sieht sich staunend um: Indianerkleider, Zauberumhänge, glitzernde Feenflügel, Prinzessinnenkleider, Vampirzähne, Polizei- und Feuerwehruniformen, Hexenbesen, knallbunte Perücken, Hüte mit langen Federn …

Und endlich entdeckt Conni auch etwas, das zur Meereswelt passt: ein wunderschönes blaugrün schimmerndes und glitzerndes Meerjungfrauenkostüm mit Perlen und kleinen Muscheln. Das will sie haben!

Nr. 20 Spielzeit

Die Mitmach-Zeitschrift der Lesemaus

JULIA FÄHRT MIT DEM .... ?

Verbinde die Punkte der Reihe nach. Das Bild ergibt einen tollen

R _ _ _ _ _ .

Male das Bild an.

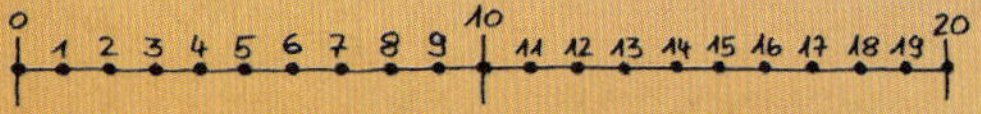

0 1 2 3 4 5 6 7 8 9 10 11 12 13 14 15 16 17 18 19 20

WO HAT SICH DAS SPIELZEUG VERSTECKT?

Bei schönem Wetter kann man toll im Sandkasten spielen. Suche die Gegenstände auf dem Bild und kreise sie ein.

DAS HANDPUPPEN-RÄTSEL

Auf dem Bild sind 2 Handpuppenpaare genau gleich. Welche? Kreise sie ein.

Wie viele Male siehst du auf diesen beiden Seiten Conni in die Pfütze springen?

DAS ZELT-SCHWIMMBECKEN

DEIN EIGENES PUPPENTHEATER

Du brauchst dazu: Schere, Klebstoff und Stifte.

1. Kopiere die Figuren, wenn du nicht deine Mauszeit kaputt schneiden möchtest.
2. Male die Figuren an und schneide sie aus.
3. Wickele die Puppen um deine Finger und klebe sie hinten zusammen.

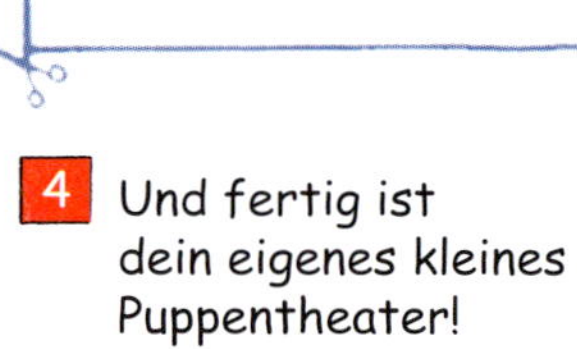

4. Und fertig ist dein eigenes kleines Puppentheater!

DEIN LESEMAUS-WUNSCHZETTEL

Band 2
Max übernachtet bei Pauline

○ Wünsche ich mir

Band 54
Max lernt schwimmen

○ Wünsche ich mir

Band 28
Conni kommt in den Kindergarten

○ Wünsche ich mir

Band 138
Wir machen Musik

○ Wünsche ich mir

RÄTSELLÖSUNGEN:

R O L L E R .

? 5 mal springt Conni in die Pfütze.

Redaktion: I. Süßmann , F. Seegraef I Gestaltung: T. Petry, Hamburg I Lithografie: Buss & Gatermann, Hamburg I Illustration der Lesemaus: H. Müller, T. Petry, D. Tust
Illustrationen: E. Muszynski, M. Nitsche, T. Petry, U. Velte, A. Vohwinkel

Mit Mamas Hilfe probiert Conni es an. Leider ist es viel zu groß! Schade! Aber mit dem Fischschwanz von diesem Kostüm hätte sie sowieso nur hüpfen können. Conni und Mama beschließen, selbst ein Meerjungfrauenkleid zu nähen und zu basteln. Conni sucht sich dafür eine Schachtel mit schönen Perlen zum Auffädeln aus.

Am Sonntag ist Connis Familie bei Oma und Opa zu Besuch. Natürlich erzählt Conni gleich von ihrem Kostümproblem. Opa meint, Conni soll einfach als Fischer gehen. Ihr Ringelpulli passt doch gut dazu. Er kramt seine alte Schiffermütze hervor und setzt sie auf Connis Kopf.

„Ahoi, Käpten!“, sagt er und hängt ihr noch sein Fernglas um. Aber Conni gefällt das gar nicht.

Oma schlägt vor, mit Sonnenhut und Sonnenbrille im Bikini als Strandmädchen zu gehen. „Das ist doch gar keine richtige Verkleidung“, meint Conni. Sie möchte viel lieber eine Meerjungfrau sein.

Oma fällt ein, dass sie ein schönes blaues Oberteil mit Pailletten hat, das ihr nicht mehr passt. Conni findet es gleich wunderhübsch. Genau wie den hellblauen Stoff mit Glitzerstreifen, den Oma noch im Schrank entdeckt.

Papa zeichnet inzwischen seine Idee für den Fischschwanz auf. „Wenn man den Stoff mit Schaumstoff auspolstert, kann er wie eine Schwanzflosse an den Seiten abstehen“, sagt er zufrieden. So bleibt das Kleid unten offen und Conni kann gut darin laufen. Draht und Schaumstoff holt Opa aus seiner Werkstatt.
Zu Hause fängt Mama gleich an zu nähen. Conni bastelt inzwischen eine Kette aus den gekauften Perlen. Dazwischen fädelt sie drei Muscheln mit Loch auf, die sie im letzten Urlaub am Strand gefunden hat.

Endlich ist es so weit. Am Freitagnachmittag zieht Conni das fertige Kostüm an. Es ist so schön geworden! Glücklich streicht sie über die glitzernden Pailletten des Oberteils. Mama schminkt Connis Gesicht und sprüht ihr grüne Strähnchen ins Haar.

Auch die Schleife ist heute länger als sonst. Conni sieht ganz verändert aus. Papa macht erst einmal ein paar Fotos, bevor er Conni zur Party bringt.

Lars empfängt die Gäste als Kapitän verkleidet an der Tür. Katja ist eine Wasserhexe. An ihrem blauen Hut hängen Meeresschnecken und Algen. Julia hat ein gelbes Kleid an, das mit Muscheln bemalt und bestickt ist.

Sofie geht als Clownfisch. Alle Fragen beantwortet sie nur mit einem „Blubb.“ Fische können ja nicht sprechen. Jan ist ein wilder Wassermann und Emir ein Pirat. Sogar der Kuchen auf dem Tisch sieht aus wie ein großer bunter Fisch.

Nach dem Essen wird gespielt. Beim Wettangeln zieht Conni zweimal einen Fisch mit 50 Punkten aus dem Planschbecken und gewinnt ein schönes Muschelarmband.

Beim nächsten Spiel sollen die Kinder Muscheln und Perlen vom Fußboden aufheben und in kleinen Eimern sammeln. Mit den Füßen! Conni ist froh, dass sie nicht das Kostüm aus dem Kaufhaus anhat.

Barfuß läuft sie später auf dem Fühlpfad. Über was geht Conni da gerade? Sand, kleine Holzschnitzel, Muscheln, Erde, einen Grasteppich? Das zu erraten ist mit verbundenen Augen nicht so einfach.

Am Abend holt Mama Conni ab. Es war ein tolles Fest. Solche Kostümpartys sollte es viel öfter geben, findet Conni. Auf jeden Fall sollen bei ihrem nächsten Geburtstag auch alle verkleidet kommen. Aber welches Motto soll sie nehmen?